AF230224

ESSAI

SUR

LES ÉVÉNEMENS

ARRIVÉS A L'ISLE-DE-FRANCE.

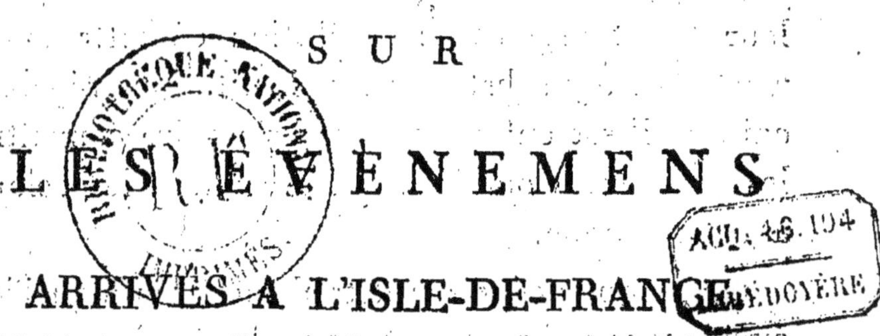

CHAPITRE PREMIER.

Causes des évènemens qui ont eu lieu à l'Isle-de-France, depuis le 14 brumaire an VII, jusqu'au 25 du même mois.

Le 14 brumaire vit disparaître à l'Isle-de-France une assemblée coloniale qui conspirait depuis long-temps, sans pudeur, contre la République française et ses lois.

Les menées sourdes, les intrigues avaient élevé les monstrueux pouvoirs dont elle abusait; l'énergique volonté du peuple les détruisit en un moment.

A

Avant d'entrer dans les détails de cet événement et de ses suites , il est nécessaire de remonter à ses causes , de faire connaître les crimes qui , excitant l'indignation des bons français , leur firent prendre la résolution d'abattre la tyrannie et d'y substituer les institutions républicaines ; il est enfin nécessaire de faire connaître les différentes opinions qui divisaient les colons à cette époque.

On commencera par ce tableau , sans lequel les évènemens qui suivirent ceux du 14 brumaire , seraient inintelligibles.

CHAPITRE II.

Opinions des habitans de l'Isle - de - France à l'époque du 14 brumaire an 7.

On peut diviser les habitans de l'Isle-de-France en trois classes bien distinctes entr'elles.

La première se compose des républicains inaccessibles à tous les genres de séduction ; ils sont en assez grand nombre.

On remarque dans leurs rangs , presque tous les hommes utiles par leur industrieuse activité, tels que les ouvriers et les artistes , quelques négocians , plusieurs marins , et en général les hommes qui, par les chances du papier-monnaie et les manœuvres de l'agiotage, ont perdu leur fortune; tous ces citoyens frémissent à la seule idée d'une rébellion contre la métropole, et c'est à cette sainte indignation que sont dûs en partie les évènemens du 14 brumaire.

On peut comprendre dans la seconde classe la plupart des habitans cultivateurs.

Ils conservent, ils est vrai, de l'attachement pour leur patrie; mais ils sont égarés par des suggestions perfides. Ils paraîtront, sans doute, excusables des excès où ils sont entraînés, si l'on considère que, privés du bienfait de l'instruction, ils servent de jouets à des hommes qui ont un intérêt direct à les maintenir dans l'erreur.

La troisième et dernière classe n'est pas nombreuse, à la vérité, mais elle se compose de contre-révolutionnaires décidés.

Ils emploient sur l'esprit crédule de la plupart des créoles, la tactique usée des vieux ennemis de la révolution. Ils calomnient les opérations les plus sages des premières autorités de la République; ils les représentent comme ayant juré la destruction des colonies et la mort des colons; ils atténuent les triomphes de la liberté.....
Possesseurs de presque toutes les places administratives, ils s'efforcent de donner à toutes les démarches qu'ils font, au nom de la colonie, le caractère odieux de la rébellion; et comme ils

voient avec un effroi qu'ils cherchent vainement à dissumuler la vengeance nationale prête à les atteindre, ils pensent échapper aux châtimens qu'ils méritent, en multipliant le nombre des coupables.

L'esprit, les talens, l'art oratoire, la fortune, se trouvent réunis dans cette dernière classe d'hommes.

Elle a des espions et des gardes à sa solde ; une centaine de jeunes gens, dont les uns sont égarés, les autres connus par une immoralité profonde, suivent avec une espèce d'enthousiasme l'étendard de ce qu'ils appellent les honnêtes gens (1).

CHAPITRE III.

Misère publique, une des causes des évènemens.

A l'arrivée du contre-amiral Sercey, le 30 prairial an 4, il existait dans les deux isles deux cents millions de papier-monnaie en circulation : par les manœuvres de l'agiotage, les demandes multipliées de l'assemblée coloniale et la faiblesse

______

(1) La plupart de ces *honnêtes gens* doivent leurs fortunes aux moyens les plus honteux.

coupable de l'administrateur général, ce numéraire factice s'élève aujourd'hui à quinze cents millions.

L'Isle de la Réunion n'en reçoit plus en échange de ses denrées ; cette masse énorme pèse donc sur la seule Isle - de - France ; aussi la piastre-gourde y vaut-elle dix mille livres de cette monnaie dépréciée.

D'après cet apperçu de l'état des finances publiques , on peut aisément concevoir l'état de détresse où se trouvent les capitalistes.

Et si l'on joint à cette cause sensible de la misère des citoyens , la situation où les débiteurs cupides maintiennent opiniâtrement leurs créanciers , malgré les lois républicaines , on sentira qu'il devait exister à l'Isle-de-France une foule de mécontens , à l'époque du 14 brumaire an 7.

CHAPITRE IV.

Crimes de l'assemblée coloniale et de ses comités,
causes des évènemens.

Lors du renvoi des agens particuliers du Directoire exécutif, opéré par les manœuvres de quelques intriguans , auxquels on verra jouer un rôle actif dans le cours de cet ouvrage , l'assemblée coloniale fit au Corps législatif une adresse dans laquelle elle s'efforçait d'atténuer ses torts ; mais elle ne fit aucune démarche auprès du Directoire ; et, à la même époque, elle écrivait au représentant du peuple Gouly que tous les délégués du Gouvernement, tant civils que militaires, seraient à l'avenir reçus comme Burnel et Baco : cette assemblée illégale affectait déjà le ton insolent de l'indépendance (1).

L'espèce de tranquillité qui suivit la déportation des agens aux Manilles, ressemblait au calme précurseur des orages ; ils furent, en quelque sorte, périodiques, et je vais rapidement en esquisser le tableau.

J'ai déjà dit que les meneurs avaient à leurs ordres une turbulente jeunesse ; ils s'en servaient avec succès pour empêcher et la réforme des abus et le rapport des lois favorables à l'agiotage, funestes aux citoyens.

Dans le courant de thermidor an V, la piastre valait 7,500 fr. ; le peuple souffrait, les militaires et les employés de l'administration ne recevaient leurs appointemens que sur le pied de 2,500 fr. la piastre, une seule classe d'hommes (les agio-

____

(1) Les meneurs avaient résolu d'assassiner les agens du Directoire ; ceux-ci furent avertis par des patriotes. La royale assemblée ne put leur pardonner un zèle aussi louable ; ils furent déportés. Le général Davisard, connu par son patriotisme et ses talens, est l'un de ces honorables exilés.

teurs); trouvait son bénéfice particulier dans le désastre commun.

En vain de nombreuses pétitions avaient été présentées à l'assemblée coloniale, pour la prier de défendre au commerce de contracter en piastres effectives; en vain le gouverneur-général lui-même avait joint sa voix à celles des réclamateurs, l'assemblée se refusait à toutes mesures conciliatrices.

Depuis quelques jours, ses séances étaient orageuses, et le mécontentement éclatait avec force dans ses galeries; un jour entr'autres qu'une affluence considérable de citoyens de tous états et de tous âges, faisaient retentir les cours et les portiques de leurs justes plaintes, 50 ou 60 jeunes gens armés de bâtons et de sabres, encouragés d'ailleurs par le maire (1), se précipitèrent tout-à-coup sur eux et en blessèrent plusieurs.

Cette espèce de mouvement fit cependant sentir à l'assemblée coloniale, qu'il pouvait devenir dangereux de lutter plus long-temps contre la volonté bien prononcée du peuple.

Le lendemain, la faculté de contracter en piastres effectives fut interdite au commerce, et les salariés furent payés, la piastre à 5,000 l.

____

(1) M. Chauvet aîné, son frère, était un des plus acharnés bâtonneurs.

l'une; il est vrai que ce fut à cette époque, que l'administrateur général accorda à la soi-disante assemblée coloniale, deux cents mille piastres en marchandises, pour servir de gage au papier-monnaie; il n'en existait alors qu'un million.

Par cet emprunt de la colonie, la piastre fut censée ne valoir que 5,000 livres, car le gage de deux cents mille piastres ne l'empêcha pas de suivre les variations du commerce (1).

La présence du 12e. bataillon de la République gênait les royalistes, il avait servi contre les fanatiques de la Vendée; ce crime était impardonnable: le comité de sûreté publique résolut de l'envoyer périr dans les marais pestilentiels de Batavia (2).

Il fit proposer cette mesure au gouverneur général, et en colora l'odieux, du prétexte d'envoyer des secours aux alliés de la France, et de soulager d'autant le trésor de la République.

Cette demande essuya d'abord des oppositions formelles dans un conseil de défense, convoqué pour cet objet.

Le gouverneur Malartic se retrancha long-temps à dire, que le renvoi de 600 défenseurs serait nuisible au service en cas d'attaque de la part des Anglais; mais voyant l'opiniâtreté avec

---

(1) Elle valait 10,000 fr. le 25 brumaire dernier.
(2) Ce comité a toujours été composé de l'élite des meneurs.

laquelle on exigeait cette mesure, il mit une condition à son exécution : ce fut l'armement de 600 noirs, auxquels on rendrait la liberté, et qu'on formerait ensuite au métier des armes.

Le comité fit des observations, le général insista, alors un des *honorables* du comité dit à ses collègues, « promettons toujours, sauf à te- » nir après. »

On fit donc au gouverneur une réponse favorable, l'envoi du 12e. bataillon fut décidé, et les ennemis de la révolution firent alors paraître une joie féroce; ,ils préludaient à de nouveaux forfaits.

L'espoir du rétablissement de la royauté en France, nourri par de perfides journaux, les enhardissait à tout entreprendre.

Ils recevaient de temps - en - temps quelques missives de Joyeuse, officier d'artillerie, qui, parti de l'Isle-de-France avec les paquets du Gouvernement, était en même temps leur chargé d'affaires à Paris (1).

---

(1) Pour défrayer *M.* de Joyeuse, à Paris, l'assemblée coloniale fit tirer des lettres-de-change sur une maison de commerce de Bordeaux.

Un *observateur* ne doit, pour bien faire son honorable métier, avoir aucuns soucis sur ses moyens d'existence.

M. de Joyeuse est le même dont le représentant du peuple Riou disait ironiquement, dans une motion sur l'Isle-de-France: que cette colonie n'aurait plus d'ambassadeur à Paris.

Ils lisaient publiquement ses dépêches avec une sorte d'enthousiasme, tant ils paraissaient sûrs de la réussite du complot royaliste ; mais la nouvelle de la journée du 18 fructidor qui leur parvint par un vaisseau neutre, qu'une croisière anglaise laissa passer, empoisonna leur joie.

Ils comptèrent encore quelque temps sur une réaction, ils se plaisaient à l'annoncer, à nommer les départemens qui devaient l'opérer ; mais la tranquillité de la République, après ce mémorable évènement, confondit leurs plus douces espérances.

Ils sentirent alors la nécessité d'agir et d'entraîner, par leur influence, les deux colonies dans les derniers excès.

Monsieur Rivalz, membre du comité, écrivit (1) à l'Isle de la Réunion, que le terrorisme le plus affreux règnait encore une fois sur la France désolée ; que les amis des colonies étaient arrachés du Corps législatif et déportés ; que la perte des Isle-de-France et de *Bourbon* était résolue ; qu'on devait s'attendre à voir incessamment paraître une escadre française ; qu'il fallait en conséquence agir *vite et tôt*, et savoir profiter de la circonstance (la croisière anglaise était toujours en vue.)

----

(1) Voyez cette lettre, pièces justificatives, numéro premier.

Cette lettre indigna quelques gouvernans de l'Isle de la Réunion, qui la rendirent publique. Un marin la fit connaître à l'Isle-de-France ; on en fit des reproches à l'auteur, et sur son démenti, elle fut déposée à la municipalité, où chacun pût en prendre lecture. Le parti royaliste chercha, mais vainement, à lui donner un sens, une tournure moins coupable.... Enfin, le président du comité, *dit* de sûreté publique, après avoir tonné dans l'assemblée contre ce qu'il appelait des malveillans, déclara que la lettre de *monsieur* Rivalz était très-naturelle, très-simple ; et qu'au surplus, si elle paraissait renfermer *un sens énigmatique*, le comité l'adoptait comme étant son ouvrage.

Il n'est pas inutile d'observer, qu'un des effets que produisit la lettre de Rivalz à l'Isle de la Réunion, fut d'y faire naître des idées d'indépendance que leur extrême folie empêcha seule de faire fortune.

Monsieur Osoux, membre de l'assemblée royale de cette Isle, lui fit hommage de ses idées sur cet objet. Il avait intitulé plan d'indépendance, une diatribe virulente, mais mal écrite contre la République, ses lois et ses premiers magistrats. Les moyens d'exécution qu'il offrait étaient tellement absurdes, qu'il eut la douleur de ne pas réussir à convaincre même les plus forcenés royalistes.

CHAPITRE V.

Suite des crimes de l'assemblée coloniale.

LES meneurs ne perdaient pas de vue leur projet favori d'une rébellion ouverte.

Ils avaient jusqu'alors affecté de prendre sur leur responsabilité, toutes les mesures hostiles qu'ils s'étaient permis contre le Gouvernement français; mais par un coup de politique, ils voulurent engager dans cette guerre indécente et ridicule les chefs civils et militaires de l'Isle, de manière qu'il leur devint difficile de réculer.

Ils prièrent en conséquence le gouverneur général de convoquer un conseil extraordinaire, pour aviser, de concert avec eux, aux mesures à prendre dans la circonstance.

(Le vaisseau qui avait annoncé le 18 fructidor, était récemment arrivé).

L'assemblée eut lieu; on y traita ostensiblement de projets militaires contre les Anglais, et ce fut dans cette séance qu'on arrêta l'embarquement de 70 grenadiers sur la frégate *la Seine*, qui devait faire une croisière; mais les discussions sécrètes furent d'une bien plus grande importance pour les meneurs.

Le comité communiqua d'abord au conseil le discours du représentant Riou, sur les deux colonies et les papiers publics qui annonçaient une expédition pour l'Isle-de-France.

Barbé-de-Marbois (1) lut un discours, dans lequel il témoignait des craintes sur la situation de la colonie, sur l'esprit qui l'animait. Il fit sentir en finissant, la nécessité où se trouvaient les dépositaires de l'autorité publique, de s'opposer au débarquement de toute force française, surtout d'après les dernières nouvelles qui annonçaient une secousse funeste dans le Gouvernement.

Le contre-amiral Sercey oublia dans ce moment qu'il avait l'honneur de commander pour la République. Il s'écria que s'il paraissait des vaisseaux français qui eussent des agens à bord, il s'armerait de deux pistolets, l'un pour le premier qui tenterait de débarquer, et le second pour lui-même; plusieurs chefs firent la même profession de foi, Magalon se tut, Malartic à qui l'on répéta qu'il était le père de la colonie, céda comme à son ordinaire, et dans un moment d'enthousiasme risible, monsieur Rouillard, membre du comité, s'écria : « *messieurs, plutôt*

____

(1) Membre du comité inquisitorial, *dit* de sûreté publique, et frère du représentant, déporté du 18 fructidor.

» *mille fois la mort que de subir le joug direc-*
» *torial* ».

Le seul Rancé, chef de brigade du 107e. régiment, ne se trouva point à cette délibération.

Les batteries de la côte eurent ordre de tirer sur tous les vaisseaux venant d'Europe, qui arboreraient les couleurs nationales.

Les membres du comité se réservèrent de pénétrer, dans quelles intentions les troupes étaient à cet égard.

Le résultat de ces démarches leur prouva, que les défenseurs de la patrie seraient constamment fidèles à leurs sermens.

Ils résolurent dès-lors de s'en débarrasser; on se servit à cet effet de l'arrêté pris dans la réunion des chefs.

Le veille du jour où les 70 grenadiers devaient s'embarquer sur la frégate *la Seine*, ils reçurent vers le soir une lettre anonyme, qu'ils se communiquèrent à l'instant.

Elle excita parmi eux des défiances et des murmures.

Le gouverneur, instruit de ces mouvemens et de leur cause, s'était d'abord déterminé à se transporter au quartier pour y prendre connaissance de cette lettre, et expliquer franchement ses intentions aux troupes; mais le comité, qui avait intérêt à empêcher cette communication, invita le général à ne pas suivre son projet. En conséquence, les grenadiers reçurent ordre d'envoyer au Gouvernement quelques-uns de leurs camarades, porteurs de la lettre anonyme.

« On y avertissait les troupes qu'on avait
» formé le projet de les envoyer périr à Batavia,
» comme le 12e. bataillon de la République ; que
» leurs chefs les trahissaient et s'étaient vendus.

» Rappelez-vous , ajoutait-on , la conduite
» héroïque des soldats de Dumouriez ; ils aban-
» donnèrent ce chef perfide , lorsqu'ils s'apper-
» çurent qu'il conspirait ».

Le général s'efforça de leur prouver la fausseté des avis contenus dans cette lettre ; mais ceux qui attisaient le feu , détruisirent bientôt l'effet de ses discours.

Le lendemain 15 germinal, dès quatre heures du matin , on battit la générale dans la ville. Les habitans , prévenus par le comité , s'étaient rendus au port; et sur les neuf heures, *monsieur Grison de Marneville*, franciscain décidé (1).

---

(1) On appelle , à l'Isle-de-France, *Franciscains* une trentaine de meneurs qui se réunissent tous les jours chez une mulâtresse , appelée Françoise.

Ils y mangent et jouent gros jeu. C'est dans cet espèce de tripot que se préparent les scènes politiques ;

C'est-là que le projet de tirer sur les vaisseaux de la République a été conçu ;

C'est à ce sujet que le soi-disant général Grison de Marneville , nommé le jour même , par le gouverneur , commandant-général de la garde nationale , donna ordre à l'artillerie volante de marcher avec ses pièces sur le quartier.

L'infanterie fit le même mouvement. Cependant , il s'était établi des pour-parlers ; ils duraient depuis plus d'une heure, lorsque le comité, qui avait fait du Gouvernement son quartier-général et le lieu de ses séances , dicta , à Malartic , l'ordre aux troupes de se rendre sans armes sur la place publique , bien persuadé que des militaires préféreraient leur départ de la colonie à un déshonneur certain.

Ce que les meneurs avaient espéré , arriva. Les soldats , qui , quelques minutes *avant*, paraissaient disposés à céder , demandèrent à grands cris leur départ pour France.

Le comité s'empressa d'en faire signer l'ordre au général ; à une heure de l'après-midi , toutes les troupes furent embarquées , et les *franciscains* respirèrent.

On connaît le compte rendu de cet événement par le comité à la royale assemblée. On sait qu'il commence par une satyre indécente du 18

auquel on témoignait la crainte qu'il ne se trouvât des opposans à une telle mesure , dit avec emportement : « Quand j'en aurai tué » cinq ou six de ma main , le reste marchera ».

Ce fougueux spadassin est un ancien officier de l'un des deux régimens composant la garnison de l'Isle-de-France.

fructidor ,

fructidor, et par l'éloge des conspirateurs qui furent abattus et punis dans cette journée. Le projet d'une rébellion ouverte y est annoncé avec mal-adresse par cette phrase singulière, mais non équivoque : « Et nous conserverons à la » France, devenue tranquille, cette colonie, » contre un Gouvernement qui n'est pas encore » assis dans toutes ses parties ».

Je terminerai ce chapitre par une réflexion qui naît du sujet.

Depuis trois ans, les rebelles de l'Isle-de-France paraissent suivre un plan combiné d'aggression contre le Gouvernement français.

Quelques personnes sont étonnées de l'audace de cette conduite; mais en réfléchissant sur la position de ces royalistes, elles conviendront qu'ils sont conséquens.

Ils sentent que le Gouvernement ne peut pardonner *aux vrais coupables* l'insulte grave faite à son autorité, ainsi que le traitement barbare qu'ils ont fait éprouver à ses agens.

Ils espèrent que ce Gouvernement, qui les fait trembler alors même qu'ils l'outragent, sera renversé par leurs amis. Ils croient encore à une contre-révolution qu'ils appellent par des vœux impuissans; ils l'attendent comme les enfans d'Abraham, leur imaginaire messie.

Voilà l'explication naturelle du phénomène de leur audace.

B

CHAPITRE VI.

Anecdote singulière.

C'EST à-peu-près à cette époque qu'appartient une anecdote qui seule suffirait pour caractériser les hommes perfides dont j'ai entrepris de dévoiler la conduite et les crimes.

Quelques négocians, dignes amis ou lâches flatteurs du comité, et plusieurs membres de ce comité même, avaient des intérêts à Mozambique, possession-portugaise, et conséquemment ennemie ; ils y entretenaient des relations : un parlementaire portugais, conduisant à l'Isle-de-France quelques prisonniers, vint resserrer des nœuds si touchans.

Le commissaire parlementaire (homme qualifié) eut avec le gouverneur Malartic plusieurs conférences relatives, sans doute, à sa mission ; et les intéressés publiaient déjà qu'il y aurait désormais amitié et bonne intelligence entre les possessions françaises dans l'Inde, et les sujets de la reine de Portugal en Afrique.

Ces bruits répandus, à dessein, sans doute, de sonder l'opinion publique, ne produisirent d'autre effet que d'exciter des murmures parmi les patriotes.

Quoi qu'il en soit, il est certain que le gouvernement de l'Isle-de-France fit présent à celui de Mozambique de huit pièces de cano n, du calibre de huit, et de plusieurs centaines de boulets ; que ces canons et ces munitions de guèrre furent emballés soigneusement et secrètement embarqués à bord de l'aviso l'*Hypolite*, aujourd'hui consacré à déporter des républicains.

Il est certain encore que ces canons furent, à leur arrivée à Mozambique, placés sur la gabarre portugaise l'*Espérance*, destinée à protéger les côtes de cette partie de l'Afrique.

Le maître d'équipage actuel de l'aviso l'*Hypolite* l'était à cette époque; il a vu embarquer, débarquer et placer les canons; il certifiera ces faits (1).

D'après le caractère bien connu du gouverneur de l'Isle-de-France, qui lui a valu le surnom plaisant de *Timbré*, on ne peut douter que, dans cette circonstance comme dans toutes les autres, il n'ait cédé à l'impulsion des membres du comité, personnellement intéressés à entretenir des relations commerciales avec le gouvernement de Mozambique.

---

(1) Louis Renaud, de Port-Malo.

CHAPITRE VII.

Suite des opérations de la royale assemblée.

APRÈS le renvoi des troupes, et la déportation, sans jugement, de plusieurs républicains, auxquels le comité eut l'impudeur d'attribuer le mouvement du 15 germinal, l'Isle - de - France parut tranquille.

Les rébelles continuèrent cependant à entourer les patriotes d'espions, soudoyés aux dépens de la colonie ; et d'après cette active surveillance, ils crurent pouvoir poursuivre l'exécution de leurs projets liberticides.

Ils comptaient sur le silence affreux de la terreur.

Maîtres absolus de l'opinion publique, ils n'avaient rien à redouter du gouverneur, qui ne pouvait leur opposer aucunes forces militaires.

Ils ne visaient à rien moins qu'à l'indépendance ; et en cas d'opposition à ce projet impie, ils avaient résolu de supprimer l'administration de la République, ce qui était évidemment arriver au même but par un détour.

Un puissant motif les portait d'ailleurs à opérer cette suppression.

Les magasins de l'État étaient remplis d'objets provenant des prises des frégates ; l'administration avait pour un an de ressources.

Quelle attrayante perspective pour des spéculateurs !

Ils commencèrent par dénigrer l'administrateur général, qui les avait jusqu'alors si bien servi ; ils le représentèrent comme un homme qui, par une condescendance coupable, autorisait les plus effrayantes dilapidations ; ils n'épargnèrent pas davantage les commissaires coloniaux qu'ils lui avaient adjoint quelque temps avant.

Le tableau des séances de l'assemblée coloniale à cette époque, est curieux, en ce qu'il développe et la tactique et les projets.

Les orateurs fransiscains, c'est-à-dire, les spéculateurs, s'efforcèrent de prouver que les commissaires coloniaux étaient, sinon les complaisans de l'administration, au moins, sans forces pour s'opposer à ses dépenses multipliées, qu'il était indispensable qu'ils fussent promptement remplacés par une commission prise dans le sein de l'assemblée ; qu'aidée, soutenue du pouvoir des représentans de la colonie, cette commission pourrait alors résister au machiavélisme de l'administrateur général.

Le parti de l'opposition soutint au contraire, que l'assemblée devait se renfermer dans le cercle des pouvoirs que lui prescrivaient, d'une manière certaine, les décrets des 8 et 28 mars 1791.

Que d'ailleurs, elle n'avait pas le droit d'empiéter sur le mandat d'un représentant de la métropole.

Un des orateurs alla jusqu'à dire, que ces motions destructives de l'ordre de choses établi, décélaient des projets plus vastes.

Bouillant de colère, l'un des coryphées du comité, *monsieur* Journel, s'écria aussitôt, « eh bien » oui, je le dirai franchement, il faut porter » dans cette administration la hache destructive, » il faut qu'elle soit frappée jusques dans sa » racine .».

Ce fut ainsi que le secret des meneurs échappa publiquement à un de leurs chefs.

Ce peu de mots fut, pour ainsi dire, le *gant jetté*, le gage du combat ; bientôt l'administrateur entra dans la lice, escorté de ses partisans et des nombreux ennemis de l'assemblée.

L'un des partis connut alors sa faiblesse, l'autre acquit le secret de ses forces.

Dans une de ses séances orageuses, le mot d'indépendance fut prononcé, le comité souffrit qu'on l'accusât d'en méditer l'exécution ; il ne s'en défendit que faiblement, et quelques jours après, dans un discours préparé, *M.* Foizy vint expliquer au public ce que ses honorables amis entendaient par indépendance.

« Ce n'est pas à force ouverte, à main armée,
» dit-il, que nous voulons l'obtenir, c'est la mé-
» tropole elle-même que nous voulons convain-
» cre de l'utilité des projets que nous avons
» conçu..... Loin de nous l'idée d'une rébel-
» lion..... Nous sommes de zélés citoyens, aux-
» quels des malveillans peuvent seuls supposer
» des intentions criminelles ».

M. Fozy termina ce patelinage par un mouvement oratoire, dirigé contre l'administrateur
général ; « et si nous étions destinés, s'écria-t-il,
» à plier encore la tête sous le joug d'un direc-
» teur des finances, il existe assez de forêts dans
» l'Isle où nous pourrions aller vivre libres ».

Les partisans de M. Dupuy ne répondirent à
ces puériles déclamations, que par des éclats de
rire ; mais les haines réciproques n'en devinrent
que plus actives.

Une querelle d'un autre genre vint ensuite
augmenter le nombre, déjà considérable, des
mécontens.

Ce fut la discussion au soi-disant Corps législatif colonial, sur le mode de remboursement des
capitaux.

Depuis l'époque où fut rendue la loi qui sus-
pendait ces remboursemens, les créanciers auxquels on ne payait pas même d'intérêt, étaient
réduits aux derniers expédiens pour exister.

Ils apprirent, avec reconnaissance, que le

Corps législatif de France s'était occupé d'améliorer leur sort, en rendant à leur égard des lois justes, qui, faites pour la République entière, devaient conséquemment recevoir leur exécution dans les possessions françaises de l'Inde.

Vivement sollicitée à ce sujet, l'assemblée coloniale nomma une commission chargée de recueillir toutes les lois sur cette matière. Elle devait examiner si ces lois pouvaient convenir à la localité, c'est-à-dire, ne contrarieraient pas les intérêts des meneurs ; elle devait enfin présenter un mode, soit nouveau, soit basé sur les lois françaises.

Les créanciers attendirent ce rapport impatiemment, mais avec défiance ; ils savaient que des cinq membres qui composaient la commission, quatre étaient, ou partisans prononcés des débiteurs ou débiteurs eux-mêmes.

Leurs craintes ne furent pas vaines.

Le rapporteur (1) avait dédaigné jusqu'à ces formes douces, qui tendent à appaiser celui qui s'irrite d'une opinion qui blesse manifestement et ses intérêts et la justice (2).

---

(1) M. Carto, l'un des plus immoraux et des plus forcenés royalistes de l'Isle-de-France.

(2) Ce personnage convenait que la valeur des piastres était excessive, comparativement à celle de tous les autres objets ; et il avait l'impudeur de présenter pour base des paiemens un parère qui accroissait encore cette valeur de 25 pour 100 ; en obligeant les débiteurs à acquitter ce qu'ils devaient, en cinq paiemens égaux, et à des époques très-éloignées.

Son travail était un indécent plaidoyer, en faveur d'une classe heureuse, contre une classe infortunée.

Les créanciers firent retentir les galeries de l'assemblée et tous les lieux publics, de leurs justes plaintes.

Elles furent dédaignées.

Il devint clair alors pour tout observateur un peu attentif, que cette cause de mécontentement, jointe à celles déjà existantes, devait nécessairement entraîner une secousse.

CHAPITRE VIII.

Pétition, adresse de l'assemblée, fermentation extrême.

LE gouverneur semblait partager avec les bons citoyens, l'indignation qu'inspiraient les travaux et les attentats politiques de la royale assemblée.

L'administrateur général, homme d'une habilité reconnue, flattant tous les partis avec adresse, se pliant à toutes les circonstances avec une égale facilité, jouait alors le rôle d'ennemi des meneurs.

Enfin, le militaire, l'administration, le peuple, paraissaient réunis d'opinions; l'instant parut décisif aux vrais amis de la République et de la colonie.

Ils conçurent le projet d'une pétition au gouverneur, tendante à la dissolution de l'assemblée coloniale, et à la promulgation de la constitution républicaine de l'an 3, en attendant le mode d'exécution du décret du 16 pluviôse, qui restait suspendu jusqu'à des ordres ultérieurs.

Le citoyen Jean-Baptiste Deville, officier municipal de l'un des cantons de la colonie, qui connaissait l'opinion du général, lui communiqua le projet; non-seulement il l'approuva, mais il déclara qu'il s'accordait avec ses opinions personnelles.

Il appostilla une des copies de la pétition qui lui avait été présentée.

Cependant quelques citoyens qui doutaient de la franchise de l'administrateur général, voulurent s'assurer de son opinion.

Le citoyen Mangeot, commissaire de la marine, homme sage et réfléchi, lui fut envoyé, M. Dupuy répondit à ce citoyen, qu'il craignait que la pétition ne portât atteinte à la tranquillité publique, et que s'il pouvait croire qu'on voulût la faire signer, il était résolu de faire dès-lors à l'assemblée coloniale tous les sacrifices qu'elle exigerait de l'administration.

Cette réponse peu satisfesante, ne découragea

pas les patriotes, mais M^r. Dupuy tint exactement sa parole.

Il conclut à cette époque une espèce de paix particulière avec les rébelles. Il fit plus, il défendit à tous les employés de la République de se mêler de cette affaire, c'est-à-dire, qu'il leur prescrivit de ne pas manifester d'opinions républicaines.

Cependant l'assemblée coloniale ne restait pas spectatrice oisive de ces mouvemens; elle perdait chaque jour dans l'opinion publique; elle crut qu'il était temps de prémunir les colons contre ce qu'elle appelait des instigations perfides, et de rallier les trembleurs de son parti.

Il parut en conséquence une adresse aux habitans de l'Isle, signée Rivalz : elle fut imprimée et distribuée avec profusion; mais plusieurs réponses énergiques anéantirent bientôt cette production faible et insignifiante.

Un paragraphe de cette adresse, où l'administrateur Dupuy paraissait compromis, paragraphe à-peu-près intelligible comme les Centuries de Nostradamus, occasionna une proclamation du gouverneur.

Elle fut lue, publiée et placardée dans toutes les rues et places de la ville.

Cette production évidemment sortie de la plume de M^r. Dupuy, mécontenta le peuple et l'assemblée; elle fut considérée comme une arme à deux tranchans, comme soufflant la discorde et prêchant la paix.

Certes! ce n'est pas ainsi que doit agir une autorité qui s'établit le pondérateur entre deux partis qui sont pour ainsi dire en présence.

Cependant les membres influans de l'assemblée étaient devenus l'objet de la haine publique ; les patriotes alimentaient l'indignation universelle par des pamflets et des chansons, où les crimes, les vices et les ridicules des meneurs étaient exposés au grand jour.

Enfin, on envoya prier le gouverneur de s'expliquer sur la pétition qui lui avait été offerte.

Il avait témoigné du plaisir en la recevant, mais il y fit une réponse singulière.

On lui demandait la dissolution de l'assemblée; il déclara qu'il s'en rapportait à la proclamation Dupuy. On lui demandait la constitution de l'an 3 ; il répondit en éludant : qu'il n'y aurait plus d'actes arbitraires, et que le comité lui avait promis d'être à l'avenir plus prudent et plus circonspect.

Les hommes sages virent bien dans cette réponse un nouvel effet des artifices de l'administrateur-général ; mais ils préférèrent attendre que le Gouvernement en imposât aux factieux qui osaient méconnaître son autorité, plutôt que de porter la moindre atteinte à la tranquillité publique.

Ils résolurent donc de borner leurs démarches à la demande d'un aviso, destiné à porter au Directoire et aux Conseils les réclamations des patriotes, et leur faire connaître l'état politique et civil de l'Isle-de-France.

Mais le peuple parut mécontent de ce qu'il appelait une faiblesse, une lâche condescendance. On ne tarda pas à s'appercevoir qu'il avait bien jugé ses oppresseurs.

Quelques citoyens avaient formé le projet de faire imprimer la pétition tendant à la promulgation de l'acte constitutionnel. Cette mesure était en elle-même très-insignifiante ; mais par un coup d'autorité, aussi déplacé que despotique, le comité qui, par une ruse puérile, s'était emparé du manuscrit, en défendit formellement l'impression.

Cet acte arbitraire, qui eut lieu le 13 brumaire au soir, fut à peine connu du peuple, que beaucoup de citoyens indignés coururent aux armes, et voulurent à l'instant faire battre la générale.

Le ressentiment de cette injure nouvelle allait faire naître des excès.

L'heure du carnage allait sonner ; il eût été d'autant plus inévitable, que les ténèbres de la nuit eussent pu protéger et ensevelir des crimes ; mais des hommes sages, qui, rassemblés chez un patriote, veillaient pour la sûreté publique, furent heureusement avertis. Ils ne réussirent à

calmer l'effervescence populaire qu'en promet-
tant aux citoyens de leur obtenir du gouverneur,
et par des moyens légaux, une éclatante justice.

Ils chargèrent (1) , en conséquence, trois
d'entr'eux, les citoyens Aucler, Duport, membres démissionnaires de l'assemblée coloniale,
et Jean - Baptiste Deville , tous trois proprié-
taires et pères de famille, de se transporter, le
lendemain 14, dès l'aube du jour, au Gouvernement , pour prévenir le général des maux qui
allaient fondre sur la colonie, si l'assemblée et
ses comités persistaient à exercer leurs fonctions
malgré le vœu public.

CHAPITRE IX.

Journée du 14 brumaire.

AVANT six heures du matin, les trois députés se rendirent chez le gouverneur.

Ils lui exposèrent la situation critique de la
ville ; lui rendirent compte des efforts qu'ils
avaient fait pour prévenir une explosion, et lui
présentèrent le vœu pressant du peuple.

Le général écrivit sur-le-champ au sénat co-

----

(1) Pièces justificatives , numéro II.

lonial, pour le conjurer, au nom de la tranquillité publique, de convoquer les assemblées
primaires dans le plus bref délai.

Il invita ensuite le président du comité à se
rendre au Gouvernement, et promit de faire
parvenir, peu d'heures après, aux citoyens une
réponse cathégorique.

Mais on apprit, dans la matinée, que le président des rébelles avait eu l'audace de dire au
gouverneur que les trois commissaires lui en
avaient imposé sur la situation des choses; qu'à
la vérité, sept à huit intrigans cherchaient à
troubler l'ordre public, mais qu'il cesserait d'être
compromis dès l'instant que leur arrestation serait
ordonnée.

On apprit encore que, loin de prendre en considération la lettre du général, le comité n'avait
pas même daigné convoquer l'assemblée pour la
lui communiquer.

L'indignation, un instant comprimée, éclata
dès-lors de toutes parts.

On aurait vainement tenté de s'opposer aux
mesures énergiques du peuple; il fallait donc se
mêler dans ses rangs pour modérer sa fureur et
prévenir les funestes effets des vengeances parti-
culières.

Cette fermentation des esprits n'avait pas
échappée aux royalistes; et les dispositions qu'ils

firent, furent, pour ainsi dire, le signal de l'insurrection.

A deux heures de l'après-midi, le bruit se répand que la compagnie d'artillerie volante est réunie sur la place ; qu'elle s'est emparée des pièces de canon de la municipalité, et que des magistrats infideles lui ont délivré des gargousses pour faire feu sur le peuple.

Aussitôt on entend battre la générale dans plusieurs quartiers de la ville.

Les citoyens se rendent à leurs compagnies respectives, et bientôt les bataillons de la garde nationale marchent vers la place publique.

La première compagnie se précipite vers l'endroit où sont enfermés les canons ; elle y trouve de la résistance.

Un coup de pistolet est tiré par un partisan de l'assemblée, les citoyens y répondent par quelques coups de fusil qui n'atteignent personne ; bientôt la porte est enfoncée, quatre défenseurs de l'assemblée tombent, blessés de coups de bayonnettes, le reste est dispersé ; les vainqueurs s'emparent des pièces et les déchargent.

Quelques minutes après l'action, le général Malartic parut sur la place publique, il y recueillit des témoignage de satisfaction de la part de plusieurs citoyens ; mais il entendit les cris répétés et unanimes, « plus d'assemblée, plus de » comité, plus de tyrannie ».

Il se rendit aussitôt dans le sein même de cette assemblée, réunie extraordinairement dans la salle des audiences du juge de paix; il y fut suivi par une foule de citoyens.

Sur son *invitation expresse*, la garde nationale nomma des députés pour lui porter l'expression de la volonté générale.

Toutes les compagnies se réunirent à demander la dissolution de l'assemblée coloniale: elle fut à l'instant proclamée au bruit des acclamations et des cris de joie.

Quelques citoyens réclamèrent alors l'embarquement des coupables, membres du comité; mais des républicains devaient se montrer généreux après la victoire; non seulement ils favorisèrent leur retraite, mais ils s'opposèrent à toutes les mesures arbitraires que dans l'effervescence du moment quelques personnes voulaient faire adopter.

CHAPITRE X.

Journées des 15 et 16. Réaction des 17 et 18.

LA nuit du 14 au 15 fut calme. Les citoyens firent des patrouilles volontaires.

Le 15 à sept heures du matin, la municipalité voulut faire publier une proclamation du gouverneur, portant suspension de l'assemblée coloniale. Cette expression donna de l'inquiétude ; la lecture fut interrompue par des murmures ; des réclamations se firent entendre, et quelques heures après parut une nouvelle proclamation (1) du général. Il y annonçait formellement que l'assemblée était dissoute, et que pour préparer et simplifier les travaux des assemblées primaires, dont la réunion devait avoir lieu le 28, il avait nommé un bureau provisoire composé de quatorze citoyens qui s'occuperaient d'ailleurs conjointement avec lui de toutes les mesures à prendre pour assurer la tranquillité publique.

Dans la matinée du 15, cédant aux instances d'une partie des citoyens, le gouverneur avait ordonné l'arrestation de plusieurs membres de l'as-

---

(1) Voyez pièces justificatives, numéros III et IV.

semblée ; mais ceux qui, la veille, s'étaient oppo-
sés à cette mesure ; ceux qui la considéraient
comme un prétexte dont les malveillans ne man-
queraient pas de se servir dans les habitations
contre les hommes du 14; ceux-là, par une lenteur
dont le but était sans doute louable, firent ensorte
que les meneurs, contre lesquels le mandat du
gouverneur était décerné eussent le temps de s'y
soustraire.

Le bureau provisoire se réunit enfin le 15 après-
midi. Ses premières opérations semblèrent lui
attirer la confiance générale.

M. Bestel, l'un des influens royalistes dont l'arrestation avait été ordonnée, s'était présenté sur
la place publique et avait été incontinent conduit
à la Tour.

On se flatta de l'espoir qu'un exemple éclatant
de générosité pourrait imposer silence à la calom-
nie. En conséquence, par d'adroites sollicitations,
les membres du bureau travaillèrent l'opinion
publique avec un tel succès, qu'ils eurent dans
la soirée la satisfaction de voir le commandant
par intérim de la garde nationale venir demander, au nom de ses camarades, la sortie du
détenu.

Le 16, le gouverneur fit encore publier une
proclamation dont le but était de tranquilliser
les citoyens qui manifestaient de l'inquiétude sur
les mouvemens qui, disait-on, avaient lieu dans

les campagnes. Il leur ordonnait de se retirer et de ne plus paraître armés ; ils obéirent.

Cependant leurs craintes n'étaient pas chimériques. Les hommes qui devaient leur salut et leur liberté à la conduite généreuse des vainqueurs du 14 ; les hommes qui, dans un moment de rage impuissante, avaient, dit-on, menacé l'Isle-de-France du sort affreux de Saint-Domingue ; les hommes qui, voyant leur autorité détruite, étaient animés du seul desir impérieux de la vengeance, avaient répandu les bruits les plus alarmans dans les différens quartiers de l'Isle, où la peur leur avait fait chercher une retraite.

Ils avaient écrit dans les cantons les plus éloignés du port que les *sans-culottes* égorgeaient les *honnêtes-gens.*

Que l'on conduisait au Fort-Blanc (cimetière) des tombereaux de victimes, et que l'intention des *massacreurs* était de faire proclamer le décret du 16 pluviôse, c'est-à-dire, la liberté des noirs.

Dans les habitations les plus rapprochées, où par conséquent des calomnies aussi absurdes eussent été promptement démenties, on se contentait de publier que la terreur de 1793 allait renaître ; que les sans-culottes s'étaient emparés de l'autorité publique ; qu'il fallait se croiser et se rendre au Port pour reconquérir les pouvoirs, les remettre entre les mains des *honnêtes-gens*, et punir les instigateurs des troubles.

Que si de pareils moyens ne réussissaient pas pour faire prendre les armes aux habitans pacifiques, on employait un tout autre langage ; on les accusait d'être eux-mêmes les fauteurs du sans-culotisme ; on les menaçait au retour du courroux des confédérés.

(Des circulaires interceptées par des habitans patriotes de la Rivière du Rempart ne laissent aucuns doutes au sujet de ces intrigues.)

Dans la journée du 14, le maire n'était point à son poste ; récemment arrivé de son habitation, il fit voir clairement par la perfidie de sa conduite, qu'il avait concerté avec ses honorables amis des campagne le plan d'une réaction dont on ressentit bientôt les funestes effets.

Il commença par profiter adroitement de la confiance que le général et le bureau lui témoignèrent pour faire rendre aux troupes franciscaines, c'est-à-dire, l'artillerie volante, le droit de monter la garde sans être morcelée ; il représenta qu'en agir autrement dans la circonstance, ce serait évidemment vouloir éterniser les haines : il finit par répondre de la conduite de ces *jeunes-gens*, qui se sentant étayés faisaient entendre déjà des bravades, signes bien certains de leur tranquillité future !

A 3

Le 17, dès huit heures du matin, au lieu de 36 hommes qui avaient été commandés la veille, toute la compagnie d'artillerie volante parut en armes; le maire vint les haranguer.

Il parla de paix d'un ton menaçant; il fit entendre le mot d'amnistie, ce qui laissait supposer que dans son opinion il existait des coupables.

Son discours fut accueilli par de bruyans applaudissemens. Un officier lui répondit au nom de ses camarades. Il réclama les pièces de canon qui leur avaient été enlevées et la réintégration de M. Larguier leur capitaine, qui s'était enfui le 14 au soir, et dont l'arrestation avait été sollicitée par le peuple, et ordonnée par le gouverneur.

Ils obtinrent facilement leurs demandes, et dans l'ivresse de leur joie, ils coururent au domicile de M. Larguier et le conduisirent en triomphe sur la place.

On remarqua dans cette matinée un grand nombre d'habitans en armes : ils ne parlaient que de vengeances, que de crimes à punir; on s'apperçut alors que les circulaires avaient produit leur effet (1).

______

(1) Des lettres interceptées (comme on l'a déjà vu) par des patriotes de la Rivière du Rempart, annonçaient aux habitans que le moment était arrivé de venger les *attentats* du 14 ; elles invitaient en conséquence à se trouver le 17 brumaire à 8 heures du matin sur la place du Port, armés seulement de pistolets et de sabres.

Lorsque ces circulaires furent portées au général et communiquées

La journée fut tranquille. Vers le soir on répandit le bruit que les cantons de Moka et des plaines de Wilhems marchaient sur le Port.

Les républicains sentirent alors que le moment décisif était arrivé, qu'il fallait ou prendre encore les armes, allumer une guerre intestine et faire couler des torrens de sang, ou se sacrifier à la sûreté publique; ils n'hésitèrent pas; il se dévouèrent (1).

---

au bureau dans sa séance du 16 au matin, le maire fut mandé sur-le-champ.

Il assura au général que les mouvemens des différens cantons avaient cessé dès l'instant qu'ils avaient été instruits de la véritable situation du Port; que les lettres et les démarches dont on s'effrayait étaient antérieures à la connaissance, dans les campagnes, de la dernière proclamation. Au reste il promit sur sa tête que la tranquillité publique ne serait pas altérée. Ces protestations faites d'un air de bonne-foi, rassurèrent le bureau provisoire.

On vit bientôt combien elles étaient peu sincères; mais M. Dupuy eut soin d'anéantir les lettres interceptées, c'est-à-dire, les preuves les plus manifestes des intrigues qui amenèrent la réaction.

(1) Il peut paraître singulier, au premier coup-d'œil, que des hommes qui empêchent le 17 une prise d'armes, n'aient pas eu le même succès le 14. D'un autre côté, l'exemple d'un dévouement pareil à celui dont il est question est rare.

Les réponses à ces objections dérivent de la nature même des faits et font disparaître leur apparente singularité.

1o. L'affaire du 14 brumaire est, pour ainsi dire, le résultat d'une commotion électrique à laquelle on eût opposé d'impuissans efforts.

Le 17, au contraire, les passions étaient moins exaltées, les têtes étaient refroidies; la sagesse et la prudence devaient dès-lors avoir plus d'empire sur la multitude.

.º Une assemblée illégale, un comité arbitraire à renverser,

A neuf heures, on vit effectivement arriver 250 habitans des plaines de Wilhems et Moka. Ils étaient accompagnés de leurs noirs chasseurs armés de fusils ; ils pénétrèrent dans la ville sans difficultés ; ils vinrent camper sous les fenêtres du Gouvernement, et bravèrent ainsi le général qui, indépendamment de la proclamation par laquelle il défendait de paraître en armes dans la ville, leur avait en outre envoyé, par un aide-de-camp, l'ordre de retourner dans leurs foyers.

Le lendemain 18, les habitans des autres cantons se réunirent à ceux arrivés la veille.

On distinguait à leur tête des émigrés, des ci-devant nobles connus par leur invariable attachement aux anciennes institutions et leur haine aveugle pour la République ; de lâches Français

---

l'autorité nationale avilie à faire respecter ; voilà quels étaient les motifs qui devaient tôt ou tard produire une secousse : par la journée du 14, ce triple but était rempli, et grâces à la faiblesse et à la lâcheté du parti des rébelles, ce triomphe avait coûté peu de sang.

Le 17, la physionomie des affaires avait changé ; les intrigues des meneurs dans les campagnes, les accusations absurdes dont les hommes du 14 étaient l'objet ; le projet sur-tout qu'on leur attribuait de vouloir proclamer le décret du 16 pluviôse avaient conduit au Port une foule d'habitans armés, suivis de noirs chasseurs à leurs ordres.

Si à cette époque, les républicains avaient de nouveau pris les armes, le sang eût coulé à grands flots ; et quelque côté qu'eût favorisé la victoire, la colonie courait les plus grands dangers. D'après cette conviction intime, les patriotes pouvaient-ils se résoudre à allumer les torches de la guerre civile !

qui, après avoir livré Pondichéry aux Anglais et à Louis XVIII, après avoir insulté de la manière la plus outrageante les couleurs nationales, et porté publiquement la cocarde blanche; après avoir été expulsés par les Anglais, dont leur odieuse conduite les avait fait mépriser, étaient venus propager à l'Isle-de-France leurs principes pervers et anti-patriotiques.

On ne sera donc pas étonné, d'après le caractère méprisable des chefs, des excès dans lesquels ils entraînaient de simples créoles, des habitans trompés, des hommes qui, par amour-propre, marchaient sous l'étendard des *honnêtes-gens*, d'autres que la terreur y retenait, et qui, par ce motif, se rangeaient toujours de l'avis le plus violent.

Une foule égarée, furieuse, se porte en tumulte à la municipalité, demande à grands cris la déportation de plusieurs citoyens qu'elle désigne. La docile autorité répond qu'elle va délibérer..... Les factieux se retirent; ils parcourent les rues, et sans mandats, sans officiers publics, violent l'asyle des citoyens; arrêtent ceux dont les principes leur déplaisent, les traînent devant cette même municipalité dont le chef les insurgea, et qui d'ailleurs délibère sous les poignards........ Les membres du bureau provisoire eux-mêmes ne sont pas à l'abri de leur fureur; deux d'entr'eux sont pareillement désignés et proscrits.

Des forcenés, à la tête desquels on remarqua deux membres du directoire de la commune générale, se placent devant la grille du Gouvernement, et jurent que les CC. Aucler et Borel n'y pénétreront pas vivans.

Ces citoyens sont à l'instant avertis par leurs amis du danger qui les menace.

Ils écrivent au bureau, et le préviennent du motif qui les empêche de se rendre dans son sein, et lui demandent des ordres.

Mais la terreur qu'inspire l'audace des révoltés a gagné les membres du bureau, qui ne prennent aucune décision.

Les CC. Aucler et Borel vont ensemble dîner à une maison de campagne peu distante du Port, les rebelles les croient en fuite ; ce sont des victimes qui leur échappent, leur fureur s'accroît à cette iddée.

Ils organisent à l'instant une compagnie d'assassins, qui partent avec l'ordre de faire feu sur eux s'ils ne peuvent les atteindre (1).

Cependant ces citoyens ignorant l'ordre barbare qui les concerne, rentrent paisiblement dans leur domicile, écrivent de nouveau à leurs collègues ; et au moment où ils en reçoivent une réponse

____

(1) M. Desveaux, habitant de Moka, les commandait ; il promit devant 100 personnes d'exécuter cet ordre atroce.

insignifiante, le maire, accompagné d'un officier municipal, vient visiter leurs maisons et leur enjoint d'y rester.

Ils reçoivent bientôt après une décision du corps municipal, qui leur ordonne les arrêts !

Ainsi, les membres d'une autorité, temporaire il est vrai, mais supérieure à la municipalité, sont arbitrairement détenus par elle ; et le gouverneur qui les choisit, et le bureau dont ils font partie restent dans une honteuse inaction.

La réaction est bientôt complette.

Des patrouilles se succèdent dans les différens quartiers de la ville ; la place est devenue un camp, des tentes y sont dressées ; des pièces de canon sont braquées sur les rues adjacentes et c'est au milieu des orgies que se proposent les déportations, et la municipalité, témoin de ces excès, y appludit et les partage.

D'un autre côté les républicains sont retirés dans leurs maisons, ils frémissent de colère; mais ils se taisent. L'un d'eux cependant, le citoyen Bruits, tente un dernier effort, il a déjà fait entendre sa voix en faveur des opprimés ; il a déjà rappellé mais en vain le gouverneur au caractère que sa place exige : il fait plus encore ; il se présente sur la place publique, et reproche vivement aux rébelles leur conduite et leurs excès.

Bientôt il est interrompu par des cris affreux.

Contraint de se retirer, il est couché en joue, et ne doit son salut qu'à un officier municipal, qui le fait conduire au quartier où il est consigné.

Le citoyen Borel, l'objet particulier de la haine des factieux, obligé, d'après un avis de la municipalité, d'aller dans la nuit du 18 au 19, chercher un asyle chez un républicain, pauvre, mais honnête, est bientôt conduit à la Tour; il y trouve plusieurs citoyens victimes comme lui des actes arbitraires du conseil municipal, et de la rage insensée des habitans.

CHAPITRE XI.

*Achat du navire l'*Hypolite*, nouveaux excès, déportations.*

DANS la journée du 20 brumaire, la commune générale acheta le navire *l'Hypolite*, ou pour mieux dire, fit les avances nécessaires pour ces achats, puisque du produit d'une souscription de négocians et d'habitans, le prix lui en fut bientôt remboursé.

MM. Saulnier, auteur du prospectus, offrirent de l'adresser au citoyen Cabarus, à Bordeaux, pour charger en retour; cette offre fut acceptée;

le gouverneur et l'administrateur, auxquels les intéressés s'adressèrent, pour obtenir que ce navire fût mis en réquisition au nom de la République, eurent la faiblesse d'y consentir.

Ainsi, la déportation de plusieurs bons français devint pour quelques mauvais citoyens, une spéculation de commerce.

Ainsi, le drapeau tricolor et la flamme nationale servirent aux royalistes, à bannir d'un territoire français des amis de la liberté.

Ainsi, soit oubli des devoirs les plus sacrés, soit indifférence coupable, soit lâche connivence, les autorités premières de la colonie, concoururent à commettre l'acte le plus arbitraire.

Aussitôt que les habitans connurent l'achat et la réquisition du navire l'*Hypolite*, ils se portèrent à de nouveaux excès. On les vit sans ordres d'aucune espèce se transporter chez des citoyens connus par leur patriotisme, leur ordonner de quitter la colonie, et menacer plusieurs d'entr'eux de les assassiner s'ils persistaient à rester dans son sein. Ils firent parvenir à d'autres des avis semblables, et forcèrent ainsi des pères de famille et plusieurs particuliers, à demander au gouverneur et à la municipalité leur passage sur l'Aviso.

Leur départ fut, ainsi que celui des détenus, fixés au 25 brumaire matin.

Dans l'intervalle, la compagnie d'artillerie vo-

lante, et beaucoup d'habitans, restèrent cam-
pés sur la place dans une attitude menaçante.

Le 25 à 9 heures du matin, ils conduisirent les
détenus à bord de l'*Hypolite*, il appareilla sur-le-
champ, et des chaloupes l'escortèrent jusqu'au-
delà de pavillons.

Ainsi furent déportés ou forcés de s'embarquer, des hommes qui n'avaient d'autre crime
à se reprocher, qu'un attachement inaltérable à
leur pays, qu'un desir sincère de voir heureuse,
sous la protection des lois, une colonie, qui,
si elle n'est promptement secourue par le Gouvernement, doit être tôt ou tard la victime des
intriguans qui la dominent, la déchirent, et la
vendront peut-être aux ennemis de la République.

CHAPITRE XII.

Réflexions générales.

L'ON a vu dans le cours de cet ouvrage une
de ces luttes, dont les fastes de l'histoire pré-
sentent dans tous les siècles le spectacle imposant;
celle des amis chaleureux de la liberté, contre
les partisans de la tyrannie.

On a pu s'étonner de la longue patience des
uns et s'indigner de l'audace des autres.

On a vu le succès tantôt couronner les généreux efforts des premiers, et favoriser ensuite leurs adversaires.

D'après le caractère des acteurs peint avec vérité, le dénouement seul a droit de surprendre ; mais encore cette singularité n'est-elle qu'apparente.

La cause en est dans l'esprit qui anime les bons citoyens de l'Isle-de-France; la cause en est dans la certitude où ils sont, que tôt ou tard les excès des intriguans qui dévastent cette belle contrée, seront punis.

Elle est dans la situation même de cette Isle, où une étincelle suffit pour allumer un affreux incendie.

Elle est enfin dans la générosité, dans cette pitié naturelle qui s'élève dans l'ame d'un républicain, maître des destinées de son ennemi vaincu.

En effet, si le 13 brumaire au soir, au lieu de calmer l'effervescence populaire, les patriotes (qui craignaient les excès) l'avaient excitée d'avantage, sans doute, ils ne seraient pas aujourd'hui victimes d'un revers de fortune ; mais on connaît les motifs qui les ont déterminés à contenir les mouvemens d'une juste vengeance, et les hommes sages ont dû y applaudir.

Si le 14, après l'action, au lieu de s'opposer à l'embarquement des membres du comité, ils avaient secondé les réclamations tendantes à cet

objet , sans doute , ces hommes coupables n'auraient pas été soulever les campagnes , et toute
réaction devenait impossible.

Quels sont donc les motifs de la clémence des
amis de la liberté ?

L'erreur de la vertu.

L'indignation qu'inspirait la conduite des meneurs, auxquels ils eussent rougi de ressembler.

Le desir de ne pas déshonorer les premières
heures du règne des lois , par un acte arbitraire.

Enfin , si le 17 brumaire , époque de la réaction , les vainqueurs du 14 avaient voulu se
montrer encore une fois les armes à la main ,
croit-on que quelques centaines d'habitans les
eussent fait reculer et pâlir ? croit-on que les ti-
mides défenseurs de l'assemblée eussent alors mon-
tré plus de résolution que le 14 ?

Croit-on enfin , que la victoire ne se fût pas
rangée du parti, qui , précédemment l'avait fixée ?

Non , sans doute , et les craintes des meneurs
l'attestent, puisqu'après avoir arrêté les citoyens
dont ils redoutaient le plus l'influence , on les
vit continuellement camper , surgir au moindre
bruit et ne sommeiller qu'au milieu des plus vi-
ves appréhensions (1).

---

(1) Deux Nègres , conduisant une brouette , allaient avant l'aube
du jour chercher de l'eau pour leurs maîtres...... Au faible bruit
qu'ils font , les sentinelles crient *qui vive*, et se replient sur la

Qu'on

Qu'on ne s'imagine donc pas , que les patriotes aient manqué de surveillance , qu'ils n'aient
pas vu l'orage se former et gronder sur leurs
têtes ; qu'on se persuade bien au contraire , que
leur modération extrême et leur dévouement ,
ne sont dûs qu'à la crainte d'embraser une colonie précieuse et de verser le sang humain.

Au reste, au nombre des causes auxquelles on
peut attribuer le triomphe des royalistes , on peut
compter la versatilité du général Malartic , qui
a fini par céder à l'influence maligne de quelques perfides conseillers , à la faiblesse du bureau provisoire , qui , flottant dans une dange-
reuse incertitude , et voulant ménager tous les
partis , s'est enfin laissé terrrifier par des cris et
des menaces , l'astucieuse conduite de là municipalité et du directoire de la commune générale ,
qui , ayant commencé par applaudir avec une
joie feinte aux résultats des évènemens du 14 ,
ont enfin levé leur masque hypocrite , favorisé
les efforts des factieux et partagé leurs excès.

---

place.......... L'épouvante règne dans le camp...... Le cri aux armes
se fait entendre ; les canonniers courent à leurs pièces ; la mêche
est allumée......: L'airain va tonner, lorsque les habitans découvrent,
avec autant de surprise que de confusion, que leur frayeur est causée
par deux de ces malheureux qui tremblent habituellement à leur
voix.

NOTES.

N°. I. pag. 16.

EXTRAIT d'une lettre de M. Rivalz, membre du comité de sûreté de l'Isle-de-France, le premier germinal an 6.

Salut et réveil à vous et à tous les vrais amis des deux colonies.

Après avoir lu les nouvelles nous concernant, que vous porte le Both, vous avez à délibérer, vîte et tôt, si les mesures préservatoires déjà prises par vous, sont suffisantes ou non?....... Si la négative passe, par qu'elles autres plus certaines et plus efficaces dans les circonstances actuelles. Peut-on mieux assurer son salut?..... Agirons-nous enfin de concert, nous qui n'avons pas su nous entendre en fait d'argent?..... Y parviendrons-nous mieux, lorsque le péril est imminent?....... S'agit-il encore de s'isoler, de s'enfuir aux campagnes et d'y attendre l'inévitable explosion très et trop prochaine, si l'on ne s'y soustrait ?..... Le vaisseau américain qui nous a apporté ces cruelles nouvelles, est encore pour nous un signal de la protection constante de la providence qui veut nous sauver. Il est parti de Bordeaux le 28 octobre, 54 jours après *l'étonnante journée du 4 septembre, et pas un seul indice de réaction, depuis, tout nous prouve que tout était dans la stupeur, et qu'elle planait sur la France entière.*..... *Ainsi, les grands meneurs* doivent d'autant plus long-temps résister et dominer, qu'ils écartent pour toujours du territoire français tout ce qui est né noble, tous les porteurs d'anciennes croix, tous ceux qui ont occupé des places, exercé des commandemens quelconques, et enfin, tous les parens d'émigrés..... Tous leurs biens sont mis sous la main du Directoire, qui fera passer des secours aux déportés, sur l'attestation municipale de leur résidence aux lieux de l'exil, et confiscation des biens, s'ils s'éloignent de ce lieu..... Les journaux publics supprimés, même ceux qu'approuva la police pendant deux ans...... Trente-deux journalistes déportés et leurs presses confisquées... Permission et pouvoir au Directoire de faire des visites domiciliaires, d'arrêter les suspects, et de déporter, en motivant ses arrêtés..... Robespierre n'était pas allé si loin en attentats,.... Otez maintenant à la France les proscrits ci-dessus, que lui reste-t-il ? Que des homme ter-

rifiés et soumis, et des mannequins qui délibè-
rent sous un pouvoir qui les fait trembler....
Or, ce pouvoir est celui que nous avons offensé
et que notre existence offense encore. ... Riou
l'a rappelé au corps législatif, il ne nous épargne
pas l'épithète de rebelles..... Burnel et Baco
secondent de tous leurs efforts le desir et le besoin de la vengeance, ils assiégent le directoire ;
Burnel est le favori, il est le journaliste prôneur
de Barras, tous deux avouent avoir manqué leur
coups par trop de confiance ; il répondent du
succès avec une seule frégate et 500 hommes à
leur choix, que dirigeront nos déportés !......
Nous sommes assurés que c'est à quoi ils réduisent
leurs projets trente vaisseaux étaient prêts à Brest,
et sur-tout deux frégates...... Le porteur de
ces nouvelles vient donc nous sauver....... Il
a 44 passagers français; il est en apparence ex-
pédié pour Trinquebar...... Réfléchissez très
vîte à cela......, Avant peu de jours il faut savoir se sauver...... Considérez qu'aucun espoir de réaction ne nous reste de la part des départemens, privés de leurs représentations tant
applaudies...... Tous nos défenseurs sont dis-
persés ou déportés..... Après 54 jours d'inaction, qu'attendre de favorable ? Le Directoire a
reçu le pouvoir de mettre en état de siége toute
ville qui oserait bouger. Bordeaux enfouissait son
or et son argent, Toulouse, Nantes, Marseille

(54)

sont dominées , Lyon seul à quelques jeunes gens
qui sont tenus en échec...... La France entière inondée d'étrangers , et c'est par 15,000 d'eux
que s'est opérée la journée du 4 septembre. Les
prêtres sont déportés plus que jamais ; les effacés
de la liste des émigrés y sont rétablis et jugés
par un tribunal militaire, on en multiplie le nombre pour les déposséder , et former de leurs dé-
pouilles un milliard que l'on n'a pas, et que l'on
a promis aux armées. On y veut joindre ceux
que l'on croit que nous avons...... Ne perdez
pas un instant de vue qu'il y a urgence........
On est en marche pour se venger , nous dépouil-
ler , disperser et *organiser* les deux seuls départemens qui n'aient pas courbé leurs têtes sous
le joug directorial,..... Pensez à vos intérêts
et aux nôtres ; sauvez les faibles et les trembleurs
de leur funeste apathie.

Plus bas est écrit , vu par le président du comité
de sûreté publique de Bourbon.

Signé TOURRIS.

Pour copie conforme.

Par le comité, signé MARCAUD, *secrétaire* (1).

______

(1) Cette letre a été fidèlement copiée sur celle déposée à la municipalité de l'Isle-de-France , par M. Griffon , capitaine de marine
du commerce.

N.º I I.

Copie d'une lettre écrite au citoyen gouverneur général MALARTIC par le citoyen Aucler.

Citoyen Gouverneur,

J'ai l'honneur de vous prier de rendre hommage à la vérité en me donnant une attestation de la démarche que j'ai faite auprès de vous, le 14 du courant, 7 heures du matin, conjointement avec les citoyens Duport et Deville cadet; à l'effet de vous prévenir que la veille, vers 9 heures du soir, plusieurs citoyens dignes de foi, nous avaient assurés qu'ils venaient d'empêcher qu'un grand nombre de particuliers armés ne se rendît sur la place, afin de s'opposer à ce que les partisans de l'assemblée ne s'emparent des pièces de campagne déposées dans la cour de la municipalité, pendant que d'autres particuliers, aussi armés, se seraient rendus au même instant au domicile de quelques membres de l'assemblée, qu'ils auraient arrêtés et conduits à la tour. Nous vous dîmes aussi, citoyen Gouverneur, que ceux qui nous avaient prévenus avaient ajouté que ces particuliers devaient battre la générale aussitôt, afin que tous les citoyens se joignissent à eux pour provoquer la dissolution d'une assemblée qui déplaisait généralement ; qu'ils avaient empêché ce mouvement avec beaucoup de peine, mais qu'ils craignaient de ne pouvoir y parvenir une seconde fois.

Vous nous fîtes l'honneur, citoyen Gouverneur, de nous témoigner combien vous étiez satisfait de notre démarche ; vous nous demandâtes même ce que nous pensions être le plus propre à calmer les citoyens, et nous vous répondîmes que le meilleur moyen et celui qui réunirait l'assentiment général, était que l'assemblée convoquât les assemblées de communes pour savoir si elle avait leur confiance, avec promesse de se dissoudre si elle ne l'avait pas. Vous applaudîtes à cette mesure, et vous nous promîtes de faire tous vos efforts pour engager l'assemblée à l'adopter ; en effet vous écrivîtes au comité la lettre dont vous m'avez communiqué la copie le même jour après midi, ainsi que la réponse du comité, en présence de l'agent national auprès du Directoire et de plusieurs autres citoyens.

Je ne doute pas, Général, que vous ne me donniez une attestation qui m'est absolument nécessaire, d'après les bruits que quelques individus font répandre sur mon compte.

J'ai l'honneur d'être votre concitoyen.

Signé, AUCLER.

Port N. O. Isle-de-France, le 23 brumaire, an 7 de la République française, une et indivisible.

Je serai très-empressé, Citoyen, de vous rendre la justice que vous méritez, en vous donnant le certificat que vous desirez.

Je croyais que, dans le premier avis que vous m'avez donné, vous m'aviez dit que c'était à onze heures du soir que la générale devait être battue, au lieu de neuf.

Vous pouvez compter, Citoyen, que je me ferai un devoir et un plaisir de vous rendre tous les services qui dépendront de moi.

Salut et fraternité; le gouverneur-général,

Signé MALARTIC.

Port N. O., le 23 brumaire an 7.

Contrôlé au port N. O., le 24 brumaire an 7. Dix mille francs,

Signé MARCHANDISES.

Nous, gouverneur-général des Isles-de-France et de la Réunion,

Certifions à tous ceux qu'il appartiendra que le citoyen Aucler, habitant de cette isle, nous a rendu un service essentiel et donné la plus forte preuve de l'intérêt qu'il prend à la conservation de ces isles, étant venu chez nous, le quatorze de ce mois, à six heures du matin, à l'effet de nous prévenir de l'insurrection qui devait se manifester le même jour.

Nous lui délivrons la présente attestation pour lui servir et valoir, ce que de raison.

Au port N. O, Isle-de-France, le vingt-quatre brumaire an sept de la République française, une et indivisible.

Signé MALARTIC.

LIBERTÉ.   ÉGALITÉ.

République Française, une et indivisible.

PROCLAMATION.

Anne-Joseph-Hypolite MALARTIC *, général en chef, gouverneur général des Isles de France et de la Réunion, et commandant général des Etablissemens français à l'est du Cap de Bonne-Espérance*

CITOYENS,

Les mouvemens qui se sont succédés au Port du Nord-Ouest, les 14 et 15 de ce mois, ont exigé de ma part des mesures justifiées par la nécessité et par l'amour de la tranquillité publique.

J'ai dû me rendre aux acclamations réitérées,

qui exprimaient un vœu très-prononcé pour la dissolution de l'Assemblée coloniale : je l'ai dû pour la sûreté même de ceux qui la composaient. Les assemblées primaires ont été convoquées et jusqu'à ce qu'elles aient délibéré sur le régime convenable au bien général, je me suis entouré d'un conseil composé d'hommes réunissant la confiance publique ;

Je n'ai enfin négligé aucunes précautions sages, et j'ai le droit à mon tour de demander que chacun de vous rentre dans ses foyers pour y vaquer à ses affaires, et que les réunions alarmantes pour tous les citoyens, principalement pour les mères de famille, cessent dès ce jour.

Ainsi, prenant à ma charge, avec le concours du conseil que je me suis choisi, de vous faire jouir de tous les effets de la protection publique, je dois vous réitérer que le respect pour les lois et les autorités est le seul moyen de rétablir l'ordre, duquel le bonheur de tous est inséparable.

Les maux de l'anarchie sont faits pour être si généralement sentis que toutes réflexions à cet égard deviendraient superflues ; mais il en est une que mon dévouement pour vous exige que je mette sous vos yeux, c'est que vous n'auriez pas fait assez en rétablissant l'ordre, si, pour en assurer la durée, vous n'éteigniez dès ce moment tous les germes de discorde nés de la diversité des opinions : c'est un sacrifice que vous devez à la chose publique et à vous-mêmes ; aussi n'ai-je aucun doute de l'obtenir.

Mandons au directoire, que la présente proclamation soit expédiée à toutes les municipalités, imprimée, lue, publiée et affichée par-tout où besoin sera :

Donné au Port Nord-Ouest, le 16 brumaire de l'an sept de la République Française, une et indivisible.

Signé MALARTIC.

P. S. Dans une de ses premières séances, le conseil s'est occupé du travail préliminaire qui doit déterminer l'ordre des questions à soumettre aux assemblées primaires. Il a reconnu que l'importance du sujet demandait un délai convenable, et ajoutant à cette considération celle de l'éloignement de divers cantons, il a été d'avis de remettre au 28 de ce mois la convocation des assemblées indiquées pour le 18 ; en conséquence, nous mandons au directoire de donner aux municipalités les avertissemens nécessaires pour que cette convocation se fasse au jour ci-dessus indiqué.

Paraphé MALARTIC.

LIBERTÉ.   ÉGALITÉ.

République française, une et indivisible.

PROCLAMATION.

ANNE-JOSEPH-HYPOLITE MALARTIC, général en chef, gouverneur-général des Isles de France et de la Réunion, et commandant-général des Établissemens français à l'est du cap de Bonne-Espérance.

VOULANT donner de nouvelles preuves de notre attachement au maintien de la tranquillité publique, et desirant nous environner de citoyens connus par leur attachement à cette colonie et par leurs principes républicains ;

Nous prévenons que nous établissons dès ce moment, un bureau composé des citoyens ci-après désignés ;

SAVOIR :

MAGALON, général-div.	AUFRAY.
CHANVALON, intendant.	BÉLIN.
DUPUY, ex-intendant.	DUDRESIL.
ENOUF, aîné.	PELTIER, juge.
CHANTOISEAU.	GÉBERT, juge.
L'ECHELLE, aîné.	AUCLAIR.
JOLIVET.	BOREL.

Lequel bureau préparera toutes les matières sur lesquelles auront à délibérer les assemblées de commune ; s'occupera de maintenir le bon ordre, de veiller à la tranquillité publique, et prendra, dans sa sagesse, toutes les résolutions nécessaires pour le bonheur général et particulier de l'isle.

N'entendons pas néanmoins, qu'aucuns tribunaux et autres corps constitués de la colonie, excepté l'assemblée qui est dissoute, soient privés de la surveillance et des fonctions qui leur sont attribuées par les lois même de leur institution.

Ordonnons au directoire, que la présente proclamation sera expédiée à toutes les municipalités, imprimée, lue, publiée et affichée partout où besoin sera.

Donné au Port N. O. Isle-de-France, le quinze brumaire, l'an sept de la République française, une et indivisible.

Signé, MALARTIC.

DE L'IMPRIMERIE DE HY, RUE DES BOUCHERIES-HONORÉ.

PROCÈS - VERBAL

DE LA REPRISE

DU NAVIRE ANGLAIS

LE SWALLOW,

Par l'équipage et les passagers de l'aviso de la république L'Hyppolite, faits d'abord prisonniers par ledit navire anglais.

EXTRAIT des minutes du greffe de la justice de paix des ville et canton de Cayenne.

AUJOURD'HUI 14 pluviôse, an VII de la République Française une et indivisible,

Nous aîde-commissaire de l'aviso l'*Hyppolite*, actuellement embarqué à bord de la prise *le Swallow*, avons été requis par les citoyens soussignés de recevoir la déclaration des faits suivans :

Le 8 pluviôse an VII, après l'amarinage de l'aviso l'Hyppolite par les Anglais, les citoyens Duchâtelle, enseigne de vaisseau à bord dudit aviso; Geraud, idem; Colomieres, id.; Bonnet, aîde-commissaire à bord dudit aviso; Albin aspirant, Bruils, Borel, Lablache, Aucler, Paillet, Maillet, Legros, Jouvenot, Belhomme, Vincent, Leblanc, Baudon, Raybaud, Favreau, tous passagers à bord dudit aviso; Lebreton, maître charpentier; Metayer, Calfat; Martel, tonnelier; Arlet, Recaud, Garault, Lacaud, Beralde, Giron, Chabot, Roth, André, matelots; Jaffreau, novice timonier; Charlier et Jacquemet, portés enfans trouvés sur le rôle de l'Hyppolite, furent successivement transférés à bord du vaisseau anglais le Swallow, et enfermés au moment même de leur arrivée audit bord dans un parc à noir, situé dans l'écoutille, d'environ sept pieds de profondeur, sept pieds et demi ou environ de largeur et vingt pieds ou environ de longueur, environné d'autres parcs à noirs, d'où s'exhalait une odeur pestilentielle.

Le lendemain 9 pluviôse, à sept heures du matin ou environ, le capitaine Croizé vint faire sortir le citoyen Borel, et les citoyens ci-dessus dénommés le chargèrent de prendre avec le capitaine anglais des engagemens pour une rançon. Ce citoyen fit en effet parvenir aux prisonniers deux heures après sa sortie, la demande du capitaine Whitte; elle montait à mille guinées. Moyennant cette somme il s'engageait à renvoyer ses prisonniers en parlementaire dans le premier port français. Le citoyen Bernardin, chirurgien major de l'Hyppolite, alors à bord dudit aviso, devait rester en ôtage jusqu'au moment où l'échange étant opéré, le brick l'Hyppolite serait rendu audit capitaine Whitte. Avant d'écrire les conditions du traité M. Whitte demanda un jour pour avoir le tems de consulter ses instructions; mais les prisonniers apprirent que les instructions dudit capitaine lui défendaient sous des peines rigoureuses de rançonner ou de prendre d'autres mesures semblables. Ils sentirent alors tout le malheur de leur situation : plutôt que de rester dans un endroit où ils étouffaient de chaleur, et ne respiraient que des miasmes fétides, où d'ailleurs il était

impossible à tous de se coucher à cause de la peti-
titesse du local ; ils demandèrent au capitaine
Whitte d'être mis aux fers sur le pont ; et lui
représentèrent que s'il craignait une révolte, la
parole d'honneur qu'ils lui offraient devait le ras-
surer. Il ne tint compte de ces observations, et
les prisonniers comptèrent au nombre des maux
qu'ils avaient à souffrir une privation d'eau et de
nourriture d'autant moins excusable de la part
du capitaine Whitte, que la suite a démontré
qu'il était abondamment pourvu de vivres pour
un tems plus long que ne l'exigeait sa traversée.

Il ne donnait aux prisonniers français que deux
onces par jour d'un mauvais biscuit, une demi-
bouteille d'eau et un boujarron d'arack.

Le citoyen Borel était malade avant la prise de
l'Hyppolite, la nuit affreuse qu'ils avaient passée
dans le parc infect du Swallow, n'avait pas peu
contribué à augmenter sa maladie ; en considération de son état, le capitaine Whitte lui avait
permis de rester en haut, il profita, ainsi que le
capitaine Croizé et le lieutenant Charlet qui
jouissaient de la même faveur, de la liberté qu'on
leur laissait pour faire au capitaine anglais d'autres
propositions. Ils lui offrirent de renvoyer à bord
de l'Hyppolite les officiers et passagers sur leur
parole d'honneur ; quant à l'équipage que M.
Whitte ne voulait pas relâcher, le capitaine
Croizé pour adoucir la situation des citoyens qui
le composaient, consentait qu'ils aidassent les
matelots du Swallow à la manœuvre. Pour cette
concession de la part de M. Whitte, les citoyens
Croizé, Charlet et Borel devaient rester à bord
du Swallow sur leur parole d'honneur. M. Whitte
promit de s'occuper de ces demandes : il prétexta
d'abord que le tems était peu favorable à faire

transporter les Français d'un bord à l'autre, quoique la mer ne fût pas plus houleuse que le jour de l'amarinage de l'Hyppolite. Le lendemain 11 pluviôse, il promit pour quatre passagers, le sur-lendemain 12 pluviôse, pour six, ce qui était vraiment divisoire. Pendant ces pourparlers pour lesquels le citoyen Borel n'avait plus de mission spéciale des prisonniers, et dans lesquels il ne s'était engagé que par le desir d'améliorer la situation de ses camarades, ils languissaient dans leur cachot, privés à la fois d'air et d'alimens. Quatre de ce que les Anglais appellent *gentlemannes* ont eu la faculté pendant les trois derniers jours d'aller manger avec M. Whitte, et respirer sur le pont pendant un espace de tems déterminé. Tous néanmoins malgré cette légère préférence dont jouissaient quelques-uns, sentaient que si leur position continuait pendant quelques jours à être aussi rigoureuse bientôt ils seraient réduits à l'état le plus déplorable.

Dans la soirée du 12 pluviôse, dans un moment de désespoir, les prisonniers résolurent de briser leurs fers, et combinèrent un plan pour s'emparer du Swallow ; mais l'exécution de ce projet fut renvoyée au lendemain. Les deux officers sortis du parc selon l'usage, rapportèrent que le capitaine Whitte consentait à envoyer douze passagers et officiers à bord de l'Hyppolite, mais à condition qu'ils seraient remplacés par un pareil nombre de l'équipage français dudit bord, encore M. Whitte ne promettait-il ce changement que dans trois ou quatre jours. On vit alors clairement que ce capitaine n'avait en vue que d'amuser les Français jusqu'au lieu de sa destination. Les prisonniers ne délibérèrent plus ; au sentiment profond de leurs maux se joignait en core le desir de rendre à la liberté plusieurs centaines d'hommes noirs, enchaînés à bord du Swallow. Ils se promirent tous de vaincre ou de mourir.

Le 13, dès six heures du matin, les Anglais ouvrirent l'un des côtés du panneau, ainsi que celui de la calle immédiatement situé au-dessous pour y prendre de l'eau : il y descendit deux matelots anglais.

Le panneau était ce jour-là comme d'ordinaire gardé par deux factionnaires, armés de pistolets et de sabres, il y avait sur la rembarde deux autres factionnaires armés de fusils et de bayonnettes, et deux autres sur l'avant du vaisseau pour la garde des noirs. Indépendamment de ces hommes armés il existait encore sur l'avant du navire deux surveillans sans armes. Il fallait pour arriver à l'ennemi franchir l'écoutille d'environ sept pieds de hauteur, et résister à deux factionnaires armés, il fallait franchir une rembarde de 12 pieds d'élévation, garnie d'espingoles et gardée par deux hommes armés de fusils de munition ; il fallait encore essuyer le feu de tous les Anglais qui auraient eu le tems de gagner la dunette du navire, où étaient les coffres d'armes, et enfin emporter cette dunette d'assaut. Ces terribles difficultés n'arrêtèrent point les Français : quatre ou cinq d'entr'eux étaient armés de rasoirs, les autres étaient sans armes. Ils montèrent avec beaucoup d'impétuosité sur le panneau en poussant de grands cris : l'un des premiers à escalader, le citoyen Legros, reçut un coup de sabre sur la tête, qui le fit tomber d'environ 12 pieds d'élévation dans la calle à l'eau, où il resta renfermé avec les deux Anglais, sur lesquels on laissa tomber le panneau. Bientôt les factionnaires furent désarmés, et les Français maîtres de la rembarde ; ils coururent à la dunette, cette attaque fut la plus meurtrière, les Anglais et plusieurs de leurs noirs de confiance y étaient retranchés avec des armes à feu. Bientôt le citoyen Bruils tomba mortellement blessés d'un coup de fusils, le citoyen Jouvenot reçut plusieurs coups terribles sur la tête, et tomba sur un canon, un matelot nommé J.-J. Lacaud, fut tué d'un coup de feu ; mais le reste des Français qui avait eu à combattre sur l'avant étant arrivé sur l'arrière, se saisirent du capitaine anglais. Celui-ci cria aussi-tôt aux hommes de son équipage de mettre bas les armes ; ils n'obéirent pas sur-le-champ, mais M. Whitte ayant plusieurs fois renouvellé son ordre, ils demandèrent quartier.

L'un des officiers français prit alors le commandement de la prise le Swallow, et manœuvra pour atteindre l'Hyppolite. Quand il fut à portée de canon il arbora le pavillon national, aux acclamations de *vive la république !* et le fit assurer d'un coup de canon à boulet : alors l'Hyppolite arbora la même couleur. Parvenu à portée de voix, l'officier français ordonna à l'anglais commandant de mettre le canot à la mer, et d'envoyer sur-le-champ le citoyen Bernardin, chirurgien major, à bord du Swallow pour panser les blessés. Indépendamment de ceux dont on a parlé plus haut, le citoyen Recaud, matelot, reçut un coup de pique dans les côtes, les cit. Maillet, Colomieres, Leblanc, Charlier furent légèrement blessés. Les Anglais eurent environ quinze blessés, dont plusieurs de la manière la plus grave.

Après l'affaire, les capteurs prièrent le capitaine Croizé et son état-major de remplir sur le

Swallow les mêmes fonctions que sur l'Hyppolite, et vu le petit nombre des matelots français,
vu le nombre des blessés et la difficulté de garder
beaucoup de prisonniers, en même tems que 3oo
noirs, il fut unanimement arrêté que la prise
l'aviso l'Hyppolite serait expédiée en parlementaire pour le premier port anglais qu'elle pourrait atteindre ; en par le capitaine anglais Whitte
et son lieutenant Thomas, de donner leur parole
d'honneur par écrit de renvoyer ledit brick
l'Hyppolite avec un pareil nombre de prisonniers
français. M. Farnworth , officier du Swallow,
resta sur la prise pour satisfaire à l'ordonnance.
Il fut enfin décidé que l'on ferait route pour
Cayenne sur ladite prise.

En foi de quoi nous avons dressé de la déclaration ci-dessus le présent procès-verbal , pour
valoir ce que de raison, et être remis aux autorités constituées compétantes dans les premiers
ports français.

Fait à bord de la prise le Swallow les jour,
mois et an que dessus.

Ainsi signé à la minute des présentes : Aucler,
Lablache, Albin, aspirant ; Gerault, officier ;
Louis André, Metayer, Raybaud, Vincent,
Maillet, Ricault, Charlier, Belhomme, Leblanc,
Legros , Paillet , Jacquemet , Jouvenot ,
Favreau , Jean Martelle , Jaffreau ; parmi
lesquelles signatures sont huit croix, à côté des-
quelles il est écrit : croix du citoyen Garaud,
marque de P. Chabot, marque du cit. Baudon,
marque de Roth, marque de J. Lebreton, marque de Beralde, marque de J. Giron, marque
d'Ant. Arlet, et plus bas signé Bonnet, aîde-
commissaire.

Déposé a été le présent procès-verbal dans les

minutes du greffe de la justice de paix des ville
et canton de Cayenne, en conséquence de la
déclaration des citoyens Aucler et Belhomme,
procureurs des capteurs du navire le Swallow,
en date de ce jour, y annexée.

Cayenne, le 3 ventôse, an 7 de la république
française une et indivisible.

Signé à la minute, Aucler, Belhomme,
Guillon et Sillian, greffier.

Collationné, rayé un mot nul.

Signé SILLIAN, *greffier.*

Nous Etienne-Samuel Guillon, juge de paix
des ville et canton de Cayenne, département de
la Guiane Française,

Certifions et attestons à tous qu'il appartiendra, que le citoyen Sillian qui a signé l'expédition qui précède, est greffier de la justice de paix
des ville et canton de Cayenne; qu'à sa signa-
ture foi doit être ajoutée tant en jugement que
hors; observant qu'en ce département le papier
timbré n'est point en usage.

En témoin de quoi nous avons signé ces présentes, auxquelles nous avons apposé le sceau
de la justice de paix.

Donné à Cayenne, sous le contre-seing de
notre greffier, le 8 ventôse an VII de la république française une et indivisible.

Signé GUILLON.

Par le citoyen juge de paix,

L. SILLIAN, *greffier.*